Les Raisins du baobab

A ma famille,
Véritable reflet de mon âme,
A jamais, sur cette Terre.

Les Raisins du baobab

Ibrahima Amadou Niang

ÉDITIONS
AMALION

© Éditions Amalion 2010, Deuxième édition 2017

Éditions Amalion
BP 5637 Dakar-Fann
Dakar CP 10700
Sénégal

www.amalion.net

ISBN 978-2-35926-007-6 Broché

ISBN 978-2-35926-018-2 EPUB

Conception couverture : Will McCarty

Photo : Charles Kofi Agyeman

Table des matières

Un élan d'humanisme

Au-delà du baobab

Dakaroises

Petit Dakar

Petit Dakar
Un soupçon de compliments matinaux,
Les murs tirent leurs rideaux de voile,
Les rues, les illustres traces de passants
A peine calfeutrés dans d'immenses berlines, discrets,
Sur d'étranges passagères, loin des regards agaçants.

Les arômes repeignent les bordels en cafés,
L'éclat du jour, les vices en vertus.
C'est l'heure où les masques épousent les visages gênés,
Honteux, leurs regards fuyant leurs passions déchues.

Petit Dakar
Gonflant les poitrines de *sutura*,
La ville étire son passé engourdi.
L'on savoure déjà des formes et des couleurs qu'on décrypte,
En attendant obstinément l'arrivée de Minuit.

Dibiterie

Les odeurs saignantes des viandes grillées
Me fixent un goût champêtre dans le palais
Qui cède bientôt sous le charme de fibres
Que dissèquent mes dents impatientes.

Devant moi, le spectacle d'une dame noire
Qui marche et remarche, des plats fumants sur ses paumes
Sa croupe fait frémir les hommes qui balancent des regards
Son regard plus délicat que cette mousse de bière qui s'échappe.

Elle sait se faire désirer des hommes aux grands chapelets
Qui ont quitté leurs foyers prétextant une promenade
Et qui assis dans l'obscurité fuient du regard, leur cataracte vaincue
Ils psalmodient des versets pour repousser les familiers.

Une fois leur succès retrouvé, elle est conviée dans une chambre
Pour satisfaire leurs besoins plus que naturels
Dans l'ambiance de bêtes dépecées
Les coups de machettes ponctuent leur rituel.

Ponty

Ponty et ses mousses, les jeunes en raffolent,
Lorsque permissionnaires, ils désertent leurs geôles,
Abandonnant à leur guise des parents qui s'affolent
De les voir ivres, complaisants, figés sur le sol.

Loin des soucis du jour, on danse sur la pointe des pieds,
Appuyant sur les chevilles qui cèdent dans un plaisir
atroce,
Poussé plus haut que le *thiakaaba* battu par une crosse,
On bat et rebat l'amertume avec la violence qui sied.

Loin de l'amour et du bonheur conventionnels,
L'on vit l'amour des temps sensuels,
Plus près des paradis passants,
Plus loin du paradis promis.

Et je vois des passantes qui remuent leurs queues
charnues,
Plus hideuses que leurs corps souillés, à la recherche
de la mouche,
Qui viendra soulager le sens de leurs vies repues
Et leur rendre leur dignité perdue.

La Fatigue

Je n'ai mal nulle part.
Ni à la tête
Ni au ventre
Ni au cœur
Ni au foie.

Je n'ai fait aucun effort.
Aucun tour de piste
Aucune partie de lutte
Aucun cours d'algèbre
Aucun long voyage.

Je n'ai mal nulle part.
Les pieds qui tremblent
Le cœur qui gronde
Les yeux qui dorment
Les joues qui enflent
Je me sens faible.

Je ne peux dormir
Je ne peux m'asseoir
Je ne peux penser
Je ne peux aimer

Mon corps renaît dans cette douleur
Contraint que je suis de me reposer
Cette pause à moi imposée
Me redonne le sens de ma vie.

Ay

Frère,
J'ai psalmodié ton nom cinq fois
En priant dans mes paumes
Les larmes m'ont défiguré.

La gorge nouée de chagrin,
J'avais pensé à ta vie sans rêves
Vécue dans la plus grande réalité,
De ses malheurs bien connus.

Qui pourra t'offrir une voix
A travers laquelle tu pourras parler au monde
Et lui demander des comptes pour ces injustices
Que tu ne mérites pas depuis ta sèche enfance ?

Qui pourra raccorder
Les cordes blessées de ton cœur
Plus beau que l'éclat du matin
Plus profond que le sexe d'un ange ?

Ay !
Un malheur ne vient jamais seul.
Pas moins de quatre fois,
Enfant du Baol,
Talibé de celui qui pria sur la mer,
Je ne t'ai vu baisser les bras.

Le monde t'est un bonheur acquis,
Un condensé de rêves qui attendent patiemment
Que tu oses t'approcher pour les tenter
De ta bonté surhumaine d'homme béni.

Thiat

Thiat !
Ne m'appelle plus neveu
Tu n'es plus ma tante !
Mauvaise langue de serpent
Qui envenime mon corps.

Ne prononce plus mon nom
Tu n'es plus la bienvenue
Dans ma vie et celle des miens.
Je te maudis.

Thiat !
Je planterai des cactus
Partout dans ma maison
Des eucalyptus et des citronniers
Pour briser ton *Thiat.*

Je cracherai chaque matin dans ma main
Puis je m'en laverai le visage à sept reprises
Pour que ton mauvais œil ne me freine.

Je vivrai caché pour être heureux
Dans ce monde où les yeux aussi forts que les langues
Même de ceux qui vous aiment le plus profondément
Peuvent vous enterrer plus vite que des tempêtes.

Le Passeur

Ils sont là assis,
Passagers de l'incertain
Les rêves se mêlant aux hallucinations
En regardant le chauffeur de leurs illusions.
Ils ne savent rien de lui
Lui connaît leur rêve
De voir ailleurs
Un autre soleil qui se lève.

Tel un mérou
Le passeur trompe les phares
Lorsque le navire glisse
Sur Sangomar.
Son courage trompe l'équipage
Pendant que des mères
Pleurent de rage.

Il est jeune et beau
Menteur et séduisant
Pire pour les jeunes
Que tous les maux d'antan

Le passeur qui charme nos enfants
D'un sourire fraternel
Les invite avec beaucoup d'ahan
A mourir.

4 Avril

Vous ne m'avez pas décoré devant les troupes
Mais ma poitrine solide est bondée de reconnaissances !

Je n'ai ni képi ni uniforme
Ni bottes ni fusils
Je n'ai que l'amour d'un patriote
La force d'une mère qui se sacrifie.

Je n'aurai jamais mes initiales
Sur ce drapeau,
Ce mât incliné sous mes épaules !

Mais j'aurai toujours beaucoup d'amour,
De sang à verser pour nourrir cette terre,
Ce Sunugaal au destin unique et à l'âme généreuse.

Et mon cœur sursaute
Lorsque les gueules de la fanfare
Hurlent des Ninki Nanka
Qui me font pleurer !

1er Mai

Je n'ai jamais refusé de défiler,
De partager la fierté des syndiqués.

Je n'ai jamais refusé de déposer entre vos mains
Mes doléances dans un cahier,
De parler et de penser comme un salarié,
De songer enfin à me marier.

De fonder un foyer
Avec deux, trois enfants,
Un foyer solide et stable,
La sécurité comme leitmotiv !

Mais je n'ai rien, mes frères
Si ce n'est ma tête pour rêver
Mon cœur pour aimer
Ma langue pour charmer
Ma foi pour espérer.

Pas même une médaille
Pas même une épargne
Pas même un découvert
Un treizième mois
Une deuxième chance.

Mon pied ne connaît pas les aéroports
Ma main n'a jamais signé de lettres
Mes parents, eux, n'ont jamais rien reçu
Et tu me parles de 1er mai !
Quelle audace !

Les travailleurs font la fête
Comme si leur audace ne suffisait pas.
Ils marchent et dansent
Pour célébrer et revendiquer.
Mais qui pensera à parler
Pour des gens comme moi.
Qui pensera à notre 1er mai ?

Terreaux d'Afrique

Zambezi

Les jours s'allongent sur l'été de ton lit,
Rivière guerrière à l'allure royale.
Rivière des baigneurs,
Immortels au sourire matinal,
Des baigneurs célébrant la vie.

Alors que pressée à ton destin tu accoures...
Victoria t'attend impatiemment
Tout en se faisant belle.
Ta caresse comme une chute
Ébranle la nature violente
D'une douceur presque fatale
Sur des chemins déjà tracés que tu arpentes.

L'émotion si vive renaît
À chaque regard empreint d'amour
A l'évocation de l'esprit
Mystique de Nyami Nyami.
En l'honneur de l'Afrique
Majestueuse que l'on savoure.
En l'honneur de tous nos frères et amis.

Alors que pressée à ton destin tu accoures...
Diarra songe à la nouvelle Afrique qui monte sur selle
Et Sulaiman et Youssoupha esquissent un sourire fier
A l'endroit de Ndèye qui murmure une prière.

Ta caresse comme une chute
Ébranle la nature violente
D'une douceur fatale
Sur des chemins déjà tracés que tu arpentes.

Soudain me vient l'envie de me jeter,
Tel ton eau pèlerine
Au pied d'une Afrique unie
Et vivante éternellement.

Bassari

Bassari !
Mieux que sur les cartes postales,
La beauté singulière de ton nom,
Rejette l'exotisme complice.

Ô pays des montagnes sacrées !
A l'écart des routes se dresse Iwol.
Cette large promesse sur une montagne
Où les Bédiks ont fui l'avancée des mollahs convertis
Et se sont réfugiés dans tes collines isolées.

Pas même un poil de défiance
Qui n'acquiesce à la beauté
De tes femmes à la baguette de nez,
Formée d'une épine de porc-épic
Et à l'ivresse que procurent tes vents mystiques.

Pas loin, des fromagers,
Servent et resservent des palabres renouvelées.
Tes arbres aux fruits délicieux,
Ton âme et ton style baroques.

Je m'en vais tout au bout
De cette escapade.
Encore, au bout d'une piste cahoteuse,
Pour leur révéler ta sagesse confirmée.

Pakao

A Banding Fossar Souané

Refuser la captivité !
Pinet Laprade n'a jamais pris le fort de Sédhiou.
Ses canons ne t'ont pas fait fuir, toi Bérété
Prince guerrier du Mali.

Dire non à l'assimilation !
Tu as bu l'eau bénite de Sunna Karantaba,
Pour laver ta peur et entrer dans la civilisation,
Planté dans ton histoire comme un baobab royal.

Servir de symbole et de repère aux générations,
Tu le seras par ton endurance et ta détermination.
Tu es le symbole de l'Afrique fière, victorieuse,
L'emblème des bataillons de la renaissance.

O Jilang SARR, Jilang de Fanta SARR !
Tu as pactisé avec le génie de Sandiniéry
Pour qu'à chaque nouveau défi
Il déverse les affronts dans tes eaux purificatrices.

Pérégrinations

Vous le savez !
Je ne suis pas allé à Treichville.

Entre deux voyages
Je me suis arrêté à Abidjan
Serrer la main de Fatimata

Manger l'aloco
Dans une case de Bassam.
A la rencontre de Rokia
Dans l'intimité du Baron.

J'y ai trouvé la joie de vivre
L'innocence heureuse
Le sourire simple
Beauté à l'état déchaîné.

J'y passe y repasse
Sans mon empreinte
Mais mon cœur y a trouvé
Une chaleur qui le rassure.

Comme j'aime partir ainsi
Sans que personne ne me voit
Me cacher sans que personne ne devine
Parler sans que personne ne m'entende
Aimer sans que personne ne me mente
Ecrire sans que personne ne me juge
Que j'aime voler sans que personne ne m'attrape
Jurer sans que personne ne me frappe.

Comme ces voyages m'ouvrent les yeux,
M'éloignent de mes vues sombres,
M'arrachent de mon nombril.
Ma peur me déserte.
Je m'attache à cette terre colorée.
Ce sentiment de chez moi ailleurs !

Ne me dites pas quel Dieu je dois croire
Avec quels yeux je dois voir.
Ne me dites rien.

A l'heure du départ
Je me lance sur le tarmac
Comme un avion qui s'élance
Au-dessus d'une ville.

Les Aquarelles du vent

A travers la fenêtre,
Un tableau de nuages réconciliés
Qui s'entrelacent tendrement.
Un message d'une force supérieure
Que nous découvrons ensemble,
Nos paumes couplées.

Air de toile blanche sur ce ciel frais,
Magnifiant ce dimanche de kente.
Un vent nargue la terre
De ses pinceaux mouillés.
Nous suivons ces mouvements
Qui nous donnent le tournis.

Lui faire comprendre ce gâchis ?
Pénétrer la scène de contre-sens ?
L'esthétique s'impose à toute chose.
La force du décor atteint nos draps !
Un dernier câlin avant l'au revoir
Nos yeux pétillent de larmes.

Non ! Ne me le dis pas
Je ne pourrai le supporter !
Pars comme un voleur
Quand je serai sous l'eau
Pars lorsque la pluie diluera
La pureté de nos aquarelles
Pour que le vent t'emmène
Immortaliser notre amour
Dans le temps qui s'annonce
Sur cette belle côte de coco.

Voila ce que je vous disais

Voilà ce que je vous disais,
Accra n'a pas changé.
Par ces temps de vaches maigres
Ses bœufs sont bien forts et gras.

Par ces temps de graves maladies
Ses femmes sont bien bâties et fertiles.
Leurs formes bouillantes comme des volcans
Qui plombent vos yeux de chaleur.

J'aime souffler les cendres de ton sourire
Sur le charbon de ta chair
Que j'attise de mots ardents
Et tes braises cassent ma douleur !

Boire la soupe okro avec du banku,
Les épices qui chatouillent les narines.
J'ai l'impression de revivre dans mon pays
Lorsque le bonheur nous souriait jadis.

Rencontrer Ruby dans sa splendeur
Sa chaleur me rend toujours heureux.
J'aimerais tant être près de toi
Pour que nous partagions
D'intenses moments de bonheur.

Marcher sous cette chaleur,
Je sue à grandes gouttes.
La gorge sèche
Le nez coule
Le sang file dans mes veines.

Tante Nana a gardé son sourire de Reine mère.
Son visage rayonne de bonheur et d'amour.
La grâce dans ses gestes me rassure
Alors que je découvre la bonté à l'état pur.

Voilà ce que je vous disais,
Accra n'a pas changé !
Et je suis fier d'être le fils
D'une vaste Terre sans limites.

La Saison passée

Laisse-moi partir avant que le jour n'arrive
Diluer l'encre luisant sur l'autre rive.
Je ne dors plus, je ne sais plus pourquoi aimer
Alors que les fleurs de ma pensée sont fanées.

Laisse-moi détendre les muscles de mon cœur.
La douceur du sommeil dans ta beauté huilée
Me fait des semblants d'au revoir à cette heure
Où les génies libèrent leurs amants secrets.

Laisse-moi sentir le lait frais dont s'abreuvaient
Les esprits après une nuit mouvementée
D'ivresse et de somptueux chants de détresse
Disant, au bas des baobabs, leur messe.

C'était hélas la saison, la saison passée
En l'honneur de laquelle nous avions semé
Nos mœurs et nos morts, nos sorts et nos torts, nos ors
Dans le limon perdu du fleuve et sur ses bords.

C'était la saison des *aethiopes* fiers et beaux,
Des lions fauves, cruels, et des sublimes sceaux.

C'était la saison passée. Pardonne-moi, frère
Si je ne me prive des gloires d'outre-mer
Car il me faut partir loin, à proximité
De mes frères perdus qui ne savent parler.

Les Courbes de la barangue

Les courbes de la barangue sous les alizés,
Perlent, leurs sourires, ma case abandonnée.

Leur essaim de songes sur l'écume des vagues brisées,
Dans cette brise parfumée d'envies colorées,
Ne vit que pour sentir le rhum de cet air que font flamber
vos paroles.
Mes saillies devenues sang dans ma case créole.
Votre voûte sans creux se mêle au sucre-miel de vos
mamelles.

Couleur café, couleur couchée,
Quelle grâce fit de vous son charme sans pareil,
Que vous puissiez au soir défier le soleil à merveille ?

Dans cette brise parfumée d'envies colorées,
Mon sang, noir de raison, rejoint les couleurs primaires,
Celles sans lesquelles elles n'auraient pu exister,
Dans l'absence d'un sacre héréditaire.

Les charmes sous les alizés,
Me perlent de sourires abandonnés.
Et mon corps, enfin, se laisse tenter
Quand, dans tes yeux, mon coeur renait.

Je te défie

Toi Griot
Je te défie
De psalmodier le nom de mes ancêtres
Leurs victoires et leurs pouvoirs
Mieux que leur descendant de sang.

Je te défie
Ô maître de la parole
De porter mon malheur
Plus péniblement que ma chair.

Cours dire au monde
Que la bouche parlera d'elle-même
Plus fort que les cordes
Qui tiennent ta langue mystique.

Ma voix princière du Jolof
Guide les sons de ma mémoire
Plus fort que ton tam-tam et tes tambours.

Je n'ai nul besoin d'accessoires
Pour être beau !
Nul besoin d'argent
Pour faire mes éloges !
Nul besoin de sang humain
Pour faire des sacrifices !

Sais-tu l'histoire de Lati Guilé ?
Celle de ses descendants ?
Sais-tu la cruauté de Salmon Faye
L'homme à la tombe d'épices ?

Je te défie
De psalmodier des vers
Autres que ce que tu as appris
De parler sans y être convié.

Je te défie.
Je ne te remplace point
J'ai tenté d'aller ailleurs
Pour chercher des louanges.
Les plaies des bâtons de bois scarifient toujours ma peau.
Range ta langue et prends ta voix
Pour prononcer les mots qui font vivre
Ton Afrique glorieuse.

Le Fils d'Anta Faye

Là bas, assis au sommet de ma svelte pensée,
Je contemple la nuit sur Bayakh tombant,
Comme la pluie sur le dos d'une chèvre qui met bas !
Je revisite la cave de l'enfance,
Quelque part sous les planches pourries de l'existence,
Et l'espoir me fend le cœur
Comme une promesse brisée,
Brise la glace qui me procurait
Autant de joyeux moments de malheur.

J'entends les notes franches
De ta flûte mystique, qui blessent
Les fausses herbes poussant
Sous le tronc de l'Homme.
Et ta silhouette revigore la trachée de la nuit
Qui regorge de fraîches espérances.

Qui es-tu?
Maleine l'hippopotame qui fit
Survivre la dynastie des rois du Mali ?
Toi, l'ennemi du fleuve
Et de son limon déjà la crème fertile.
Ecume d'or qui pétille comme une larme
De joie sur un cœur brisé par la lâcheté.
Fils du Fouta où l'Homme brise son cœur
Le jour pour le partager la nuit tombant.
Ton cœur est promesse d'amour.

Qui es-tu?
Homme inhumain par la grâce qui suinte,
Tes pores ouverts à la beauté

Comme la bonté d'une fleur qui enivre.
Lutteur aux muscles des arènes
Qui se défend par des *caxaabals,*
Porté par les *bakks* de l'honnêteté.

Je t'ai vu entre Bélinabé et Thilogne,
Quelque part dans Kaédi, ouvrir ton âme
A la douce souffrance.
Pourquoi tant de bonté que je ne puisse
Déferler sur la berge de ta science !

Mais j'ai appris dans ta case que la vie est un souvenir
douloureux
Et l'accord de ta flûte me fait guide de mon troupeau.
Je songe à la nuit tombant
Comme une vaste mare de promesses.

Sutura

Pour exister

Pour exister
Je n'aurais même pas eu besoin de parler au monde au
réveil.
Pour rappeler ma bonne foi,
Partager d'interminables souvenirs
Pour narguer le Temps
Qui s'épuise de mémoires.

Parler pour ne rien dire,
Une panse remplie de chagrins,
Parler pour ne jamais être compris,
Sacrifiant à un rituel atroce.

Je refuse d'être spectateur !
Et je refuse de me taire
Dans ce bordel,
Où l'hypocrisie est voilée de pudeur.

Tout simplement

Vivre tout simplement,
Sans cour ni parti
Sans jalousie ni envie

Se suffire à soi-même
Vivre simplement
Sans angoisse ni stress

Sur un fleuve serein
Allonger sa barque
Juste un filet pour pêcher
Et un livre pour s'évader.

Autour, la nature discute
Le conclave des iris et des milans
Sous les sifflements des palétuviers
L'embouchure n'est pas loin.

Un lamantin qui s'applique à la nage
Des huîtres qui poussent sur les racines
Et les bolongs à perte de vue

Regarder le soleil qui se couche
On sait que Madame et les enfants attendent
Notre arrivée à la maison pour nous embrasser
Comme si nous nous étions séparés longtemps.

Je veux vivre simplement
Tous les jours comme un amnésique
Qui oublie les souffrances des jours précédents
Et essaie de vivre tout simplement.
De vivre tout simplement.

Lëpaalëp

Laissez vos idées voler délicatement
Comme les ailes de libellules
Qui s'affranchissent de toute contrainte
Pour naviguer à l'air libre.

Voler très haut sans vertiges,
Très loin des idées reçues
Sans être attachée aux dogmes,
Un petit moment d'évasion.

Oser être transparent en toute circonstance
Un grand défi pour cette génération,
L'appât du gain est si attrayant,
Il faut s'en méfier.

Ne confier sa liberté à aucun autre homme,
Chercher toujours de nouveaux défis.
S'ouvrir au monde comme les *lëpaalëp*
Qui volent sereins vers des lieux imaginés.

Cet âge!

Cet âge,
Je ne l'oublierai jamais.
Il m'a été plus douloureux
Que quinze sécheresses sans gouttes
Ni fraîcheur à l'ombre des dattiers.

J'ai vécu l'adversité
Dans le fond de ma chair
Tel un guerrier sans armes
Qui lutte contre une vieille armée.

Je l'ai vécue comme un toit
Sans piliers pour soutenir sa taille
Et j'ai failli m'affaisser
N'eût été mon cœur d'homme accompli.

Ainsi m'a-t-on menacé de me foudroyer
De missiles sol-sol si je n'acceptais pas
De me ranger derrière la fraîcheur de mes années
Tel un nouveau né qui attend l'heure pour marcher.

Je ne suis pas les autres

Je ne suis pas les autres
Et les autres ne sont pas moi !

Je l'ai compris très tôt
Alors que tout nous liait.
J'ai voulu me donner bonne conscience
Sans en donner l'air.

Parler comme tu sais le faire,
Esquisser ce rire d'usage
Des paroles conventionnelles
Et des gestes hérités.

Je ne suis pas les autres
Et les autres ne sont pas moi !

Te rappelles-tu du jour
Où je t'ai appelée *miwo*
En langue Tagouana ?
Ton sang ne fit qu'un tour !
Je parle comme je le sens.

J'aime tant te voir telle que tu es
Dépourvue de peurs et de haine.
Loin de la jalousie
Et du mépris qui gangrènent
Ceux qui ont des choses à oublier.

Je ne renie rien de mon passé
Que ce soit les humiliations
Ou les succès.

Que ce soit les excès
Ou les victoires.

Comment renier ma foi en toi.
Dis-moi comment je puis renier
Mon goût du risque ?
Mon amour pour les femmes ?
Ma quête d'émotions fortes ?
Ma plume presque divine ?

Ah si j'étais poète !
Je ne serais pas les autres
Et les autres ne seraient pas moi.

Diplômes

Apportez-moi du feu
Que je nourrisse les flammes
A l'encre de ma sueur,
Ma peine de longues années.

J'ai abandonné les plaisirs de la vie
Pour refuser d'être enfant
Afin de grandir avant l'âge
Dans le pays qui m'a vomi !
Le Nord m'a accueilli dans ses temples érudits.

Que faire de ces papiers,
Quand aucune voie ne s'ouvre
Une vie de scandales.
Des diplômes perfides.
Ils n'ont pu tenir leur promesse.

Et quand je rentre la nuit
Que ma fille me réclame des jeans serrés
Ma gorge se noue et j'étouffe !

Malheur à ces diplômes
Qui avaient fait de moi un surhomme
Et qui comme dans un mauvais rêve
Tardent à violemment me réveiller.

J'ai songé

J'ai songé Dem Nga Dem Nga, enfant à la gueule de pierre
J'ai songé à la main des braves qui secouent la mer
Au sourire des enfants qui dévorent la vie
D'un élan immortel, leur cœur à peine soumis.
J'ai revu mon corps de nouveau né dans les bras de ma
mère
Serré dans sa caresse rassurante.

Je me vois à présent libre et jaloux de ma liberté
Insolent nomade, poète inspiré.
Je suis devenu casté, artisan des syllabes et des voyelles.
Maniant la plume et les émotions, j'établis des passerelles
Entre les cœurs sédentaires désireux de découvrir
La majesté de l'Etre avant de mourir !

J'ai taillé la pierre par la magie de mon verbe
J'ai dit Dem Nga Dem Nga, enfant à la gueule de pierre
Mon père me reniera
De moi il ne saurait être fier.

Saucisson de porc

Lèvres rouges, langue rose
Saucisson de porc.
Voilà des bêtises que les mères
Enseignent à leurs enfants.

Dans leur imaginaire
La foi s'exprime à travers
Les aliments consommés.

Dans leur imaginaire
La foi s'exprime à travers
Les boissons sirotées.

Ah ! Ces croyants qui adorent
Le saucisson de porc.
Qu'ils doivent se méfier,
Leurs lèvres sont rouges,
Leur langue rose.

Ah ! Mais lui c'est un franc-maçon,
Je sais ce que je vous dis !

Ah ! Mais lui c'est un homo,
Je vous le jure !

Lui là bas, c'est un voleur.
Que je perde ma vie si cela n'est pas vrai !

Voici le discours des hommes frustrés
Qui n'osent se regarder en face
Pour vivre leur vie en toute liberté.

Frustrés qu'ils sont d'avoir les mains liées,
Ils se tournent vers d'autres,
Afin de se donner bonne conscience.

Et lorsque vous leur rappelez
Qu'un de leurs proches est incriminé,
Ils banalisent et vous haïssent à jamais.

Le Diable se sont les autres!

Njoloor

J'ai vu un homme que l'on enterrait
Alors que la terre chaude fumait
Quelle douleur !

Ses enfants massés, leurs pas alourdis vers la tombe,
Regardaient sa dépouille en suppliant le Temps.
Combien auraient-ils donné pour ne pas vivre un pareil
moment.
Mais ils doivent confier leur père à son Créateur !

Seuls, devant le fossé creusé, l'aîné pénètre un pied,
A l'opposé le cadet glisse sa jambe droite.
Aidés de leurs proches, ils portent le corps sous des draps
discrets,
Et d'une manœuvre habile le corps est incliné.
Il descend calmement dans la tombe sous des évocations
pures.
Passez-leur un couteau qu'ils coupent les cordes !

Un temps de silence, les pelles de sable referment la fosse.

Là, on s'agenouille pour prier pour cet homme,
Car Dieu seul sait ce qu'il a fait dans sa vie.
Ses fils ne pouvant qu'espérer.

Le dernier regard, tout le monde quitte à grands pas.

Njoloor !

Le déjeuner à peine consommé, les énergies sont toutes
perdues
Dans cette chaleur et ce malheur qui frappent

Des proches que l'on n'aimerait ne jamais voir souffrir.
Peut-être est-ce l'illusion que procurent les grandes chaleurs.
Peut-être que tout ceci n'est qu'un mauvais rêve.
Ou que les génies cherchent à nous avertir ?

Que Nenni !

La mort vient souvent entre le midi de notre vie et son Zénith
Où la lumière de Dieu a fini d'atteindre notre âme,
Comme les esprits tuent les passants à *njoloor*.
Mais la foi réconforte ceux que vous convoquez dans l'éternel.

Héritage

Que serais-tu devenu
Si ton père n'avait vécu
Comme si chaque jour était le dernier
Et que chaque opportunité était un chantier ?

Que serais-tu devenu
Si ton père ne s'était pas sacrifié
Vivant pour avoir assez de force
Afin d'assurer l'avenir de ses enfants ?

Ainsi t'a-t-il laissé des terres à perte de vue
Des comptes bancaires bien remplis
Des maisons bien bâties
Des mœurs bien réfléchies.

Et tu as décidé que tu ne souffrirais point
Même pas pour préserver ce qui t'a été confié.
Tu t'es chamaillé avec tes frères
Et vous avez tout dispersé.

La famille modèle s'en est allée,
Au fond de l'abîme où attend patiemment
La jalousie mortelle qui affecte les frères
A l'heure du partage.

Quand les femmes s'en sont mêlées,
Que leurs rêves de dynasties s'y sont retrouvés,
Que les esprits des maris s'y sont égarés,
La famille s'y est précipitée au fond de l'abîme !

Pardonne-nous, père,
Nous n'avons pu être dignes de ton héritage
Qui bien plus que cette fortune
Etait le ciment de notre communauté.

Pardonne-nous, père,
Nous aurions mieux fait d'hériter de ta sagesse
Car la fortune peut se transmettre aisément
Mais l'avenir se construit ensemble.
L'Avenir est un élan fraternel.

Gis-Gis

Poème noir

Regarde le ciel quand vient la pluie !
Sa couleur sombre annonce la Renaissance.
Je suis la pellicule de la vie
Qui reflète l'éclat de ton âme.

Le terreau sur lequel poussent
Tes graines et s'épanouit ta semence.
Déjà me vois-tu les yeux fermés
Pour chercher le repos,
Que je demeure l'entame de ta prééminence !

Je suis Noir, l'homme au souffle de mousson.
Vous dites que je suis sombre
Pour feindre de me voir.
Je ne suis ni martyr ni condamné !
Jamais n'ai-je levé d'armées pour conquérir
Des terres mais un empire d'humanisme.

Le noir n'est plus la couleur de la souffrance
Mais de la résistance aux vices et à l'aliénation de la foi.
Tu portes ma couleur pour pleurer tes morts,
Pour attirer la compassion.
Suis-je donc autant de réconfort ?

Je suis l'ancre qui a fait la Civilisation,
La Nuit sans yeux qui rampe vers ton sommeil.
A mon âme mes Femmes s'abreuvent
De Science et d'Amour !

J'ai troqué mille regs d'or de Djenné
Pour acheter la liberté de mes frères,
Cent lions pour les mener
Hors de l'exil vers la terre de gloire.

N'était-ce pas à mes pieds que vint
Se prosterner le Lion affamé !
Le lion cruel cherchant l'absolution ?
Vous qui m'envoyâtes des colonnes
De spahis, qui me mîtes sur des mers,
Quelle ne fut votre consternation !

Autant de sacrifices qui épousent
Des miracles à vos yeux profanes !
Je suis le Mogho Naba,
Prince de Tenkodogo.

Divinité au regard d'Homme,
A la candeur primitive !
Mon regard oriente mille vols
D'oiseaux sur mes terres perdues
Et mon sexe plante ses racines
Au-delà des profondeurs.

Quand ta splendeur au loin me retourne comme une houe,
J'étale religieusement mes graines,
Que je remue d'un pied complaisant
Pour répandre sa saveur sur des terres figées
Qui envient au vent voyageur
Ses ailes libres de *ceeli*
Ses ailes libres de danseur !

51

Inch'Allah

Inch'Allah,
Tu ne peux être exempt de reproches
Par le simple fait de le dire.
Le décret divin couronne tes efforts.
Il faut que tu le saches.

Combien de fois me l'as-tu dis
Tel un serment immuable ?
Je t'ai toujours cru,
Ma grande foi aidant.

Je veux te dire camarade
De ne pas faire de tort à ton créateur !
Lève-toi et marche,
Car il ne le fera pas à ta place.

Une autre Gorée

Je connais une autre Gorée
Loin des pleurs des touristes
Ou des âmes émues à l'évocation
De douloureux souvenirs.

Loin de l'exotisme des bâtiments ocre
Et des fleurs plus belles que des promesses
Qui confèrent à cette île
Un portrait surnaturel.

Loin de Coumba Castel
Et des odeurs coquines des restaurants
Qui braisent des poissons
Et honorent des papilles généreuses.

Loin des chaloupes
Et des charmantes signares.
Le regard de Blaise Diagne,
Surplombant des vendeuses de *thiaaf.*

Je connais la Gorée du Savoir
Celle des âmes lyriques qui s'étreignent
Face aux idées nouvelles et salvatrices.

La Gorée du nouvel élan,
De la Renaissance,
Du bond-en-avant,
De l'autosuffisance.

Quand bien même me prend
L'envie de me jeter dans cette eau délicieuse,
Je retiens mon souffle et ma plume s'avance
Sur des pages vierges, des pages à corrompre.

Un élan d'humanisme

Comme je t'aime

Donne-toi une dernière fois
Et meurs.
S'il faut mourir,
Nous mourrons ensemble.

Comme je t'aime
Et ne le cache pas au monde,
J'aimerais que tu me dises
En secret.
Que tu m'aimeras toujours !

Parce que mon amour pour toi
Je le porterai
Comme mon sang
Qui irrigue mes veines
D'un pouvoir créateur.

Siga

Ah ma Gelawaar, ta beauté me fait peur !
Ces yeux de *pétaaw* qui me lancent des défis, si tôt le
matin,
Et ta peau cuivrée m'enfonce le cœur dans sa cavité.
Je m'émeus devant ton sourire si charnel !
Ton sourire blanc de sel fin du Sine.

Ah si je pouvais habiter le pourtour de tes lèvres
Et n'en sortir que lorsque tu pleures.
Pour que tes larmes arrosent mes pensées
Déjà asséchées par des années d'errance !

Ah si je pouvais être un tableau de ta chambre,
Je pourrais t'observer toutes les nuits dans ton sommeil
Ou être l'oreiller sur lequel tu poses ton oreille
Pour te chuchoter des mots qui t'apaiseraient.

Siga, ton cœur est plus béni que l'eau du puits de Kalom
Et je ne me ferai pas introniser à Paaleen Dëdd
Pour devenir ton Damel.
Non !

Pas même un bain mystique !

Je t'ai vue dans la concession de Buur Siin à Diakhao,
Dans ce *djaneer*, nos destins liés.

Je refuse de faire des libations sous le Baobab Kanger !
De m'agenouiller devant la tombe de Buur Siin Coumba
Ndoffène Fa Maak !
De chanter et danser pour réclamer ton amour.
Je ne pactiserai jamais avec les dieux.

Ah, mon âme païenne !

Je la traînerai à Soror, Godaguène, Ndidor,
Tela, Maronem, Ngekor, Ndofene, Ndofane et Ndielem
Farha
Pour conquérir ton cœur et ton corps
Avec le chant doux des hommes séduits.

Ah ma princesse, ton sourire me fait palme au vent
Quand ta silhouette franchit l'ombre des portes.
Et mes feuilles volent haut, loin des ronces
Pour ne plus jamais descendre à hauteur de la mort.

Saxaar

Je ne fume que lorsque la terre est fraîche,
Pour que la blancheur de mes mots
Macule ton sourire d'ambre.

Le ciel sauvage s'affirme.
Sa voûte scellée fait banqueroute
A l'entame d'horizons inclusifs,
A l'entame d'oraisons détonnant
Comme un tonnerre de supplices.

Regarde cette manoque,
Les verts me parfument le regard
Qui subit les charmes de la nuit.
Et je ne puis me mirer que dans le glissement
De ton corps en fumée rampant
Vers des haies de bois mort.
Et je ne puis m'émouvoir qu'aux malicieuses caresses
De tes hanches parfumées de *némali*
Et de tes *jal-jali* qui *kac-kac*
Comme une paire de castagnettes.
Quelle délicieuse morsure!

Lettre

Je n'ai jamais su dire à mon père
Que je voulais aller à la plage,
Si ce n'est au travers d'une missive
En empruntant l'identité de son ami !

Déclarer mon amour à une femme
Sans lui rédiger quelques mots pensés !
Dans une enveloppe avec quelques feuilles de citronnelle
Ou des feuilles parfumées de ma fragrance préférée.

Parler à une amante au bout du fil
Sans prononcer un discours préparé,
Et des tournures soigneusement identifiées
Souvent, un poème à la main bien rédigé !

Mais cette fois-ci, je veux t'envoyer une lettre mon amie.
Une lettre qu'aucun postier ne pourra affranchir
Qu'aucun coursier ne pourra poster
Qu'aucun facteur ne pourra livrer
Car ce message est trop lourd à porter.

Je veux te demander de ne jamais me quitter !
Et je l'écrirai à l'encre de chine.
Te demander de ne jamais me trahir !
Et je le marquerai avec la moelle de mes os.
T'implorer de ne jamais cesser de m'aimer !
Et je le rédigerai en écriture sainte.
Te supplier de ne jamais mourir !
Et je le signerai avec mon sang.

Rokiatou, ne meurs jamais !

Ne meurs jamais si tu ne veux que mon cœur s'affale
Sans que je ne l'arrache pour l'offrir à des fauves en sursis,
Pour qu'ils puissent apaiser leur faim avec ma douleur
fatale.
Ah, que je sens mes veines qui ricanent.

Elles se moquent de mon sang amoureux qui ne fait qu'un
tour,
Avant de retrouver mon cœur qui palpite à ta vue.
Et ce cœur palpitera toujours à l'évocation de ton nom.
Miwo, ma femme aux courbes sauvages.
Oui, je posterai cette lettre dans le vent,
Pour que les saisons en soient informées.

Voltiges

Ainsi de voluptés se laissait-on languir
Par le vol innocent de quelques voyelles
Arrachées en vrac
A la bouche de l'Aimée.

Faudrait-il encore songer à les arranger
Sans que tôt,
Le cœur ne se mette à frémir.

Que la raison ne se noie
Excès de zèle
Dans une fierté qui tarde
A se mettre en selle.

Ta voix rutilante me fait un sirocco
Qui soulève dans un élan sacrificiel
Mon corps immortel
Planant haut comme un oiseau.

Moi qui te conquis lesté de légèretés !
Condamné, las, de subir les foudres du ciel.
Pourquoi suis-je à toi interdit
Nous deux égaux ?

Je ne me vanterai pas de ma peau,
Mon sang. Je ferai des tours,
Mon sang. Pour devenir l'amant libre
Qui ne te tentera que par ses mots.

Tu me l'as volée, Ngoor

Ngoor Faye,
La nuit déferle sur la verte berge de mon enfance
Et ronge le support sablonneux de mes émotions
Qui jadis réchauffait les hivers de mon cœur !

Mais où est donc passée ma Khémesse ?
Celle à mon bonheur épithète
Epithète à ma douleur éphémère qui libère l'ombre du
temps.

Je l'ai vue partir vers Pokham,
Sa beauté voilée, voile mon cœur,
Tandis que la chaleur du Saloum s'abreuve à l'eau de mes
larmes,
Mais la soif du cœur ne peut être satisfaite
Par la douleur aqueuse qui fait tache sur un sourire,
Mais le limon d'une enfance
Ne peut faire place à l'argile qui fait l'homme,
Mais l'homme doit vivre pour mourir enfant
Car l'enfance est une vie méritée.

Tu me l'as volée, Ngoor !
Ma sérère au cœur de berger
Qui mena le troupeau de mes pensées dans la forêt de
l'enfance
Où les esprits m'ont dit les secrets des morts !

Tu me l'as volée !
Toi, Okonkwo, ce sourire
Paysan semence de ma culture
Que je vois, encore perché sur les miradors de mes
souvenirs

Tu me l'as volée!
Mais elle ne quittera l'abri de mon cœur
Car je n'en sortirai qu'à l'aube de la vie.
Mais quelle est donc cette conjonction qui coordonne nos
cœurs ?

Election

Sans système ni scrutin
Je t'ai élue chef suprême de mon âme !
Sans mensonges ni promesses
Je t'ai donné les clefs de ma cité !

Ni d'argent ni d'agents
Sophie Sanou est l'élue éternelle.
Ni sanctions, ni souffrance
Je n'en ai que fichtre !

Que personne donc ne vienne essayer
De corrompre mon cœur déjà affilié
A son parti qui est celui de l'Amour
Pour lequel je suis à jamais partisan.

Les Vents du Var

A tante Danielle Louise Hill

Les caresses des vents le long des vignes
Saint Laurent du Var est versatile en été.
Sur les effluves qu'ils transportent s'adossent des jets de
jasmin

Les tomates rouges et les figues sauvages y dominent
Le paysage en cascade qui file vers l'abîme.
Et au milieu de ce monde une dame solide sirote
Quelques gouttes d'un thé séché sur un autre continent.
Et une fraîcheur de montagne bien langoureuse.

Elle s'arrête de temps en temps pour attacher ses cheveux
au vent,
Et respirer cet air pur qui lui ramène de fraîches nouvelles
D'un pays lointain dont elle s'est faite prophète,
Sans livre ni chapelet. Mais avec un cœur d'Homme.

A sa sénestre, un jeune homme qu'elle appelle « Mon
Fils ! »
« Ma fille ! » nomme-t-elle celle qui siège à sa dextre.
« Vous faites véritablement partie de ma famille. »

Nomade

Nomade comme l'eau
Dans toutes ses formes
Partout où la nature
Laisse un vide

Nomade comme le Vent
Sur toutes les mers
Amenant la fraîcheur
Là où elle manque le plus

Nomade comme la Terre
Patiemment assise
Qui tourne sur son dos
S'ouvrant au monde

Nomade comme le feu
Qui traverse les cœurs
Pour attiser les flammes
D'une lumière de Paix.

Cette table !

Ils s'y sont tous assis
Au moins une fois l'année.
Lorsque les circonstances
Font que la famille
Peut encore se réunir.

Sans complexe ni rancune,
On y pose un gâteau
Soigneusement choisi
Pour la circonstance.
De la forêt noire aux délices,
Plusieurs parfums s'y succèdent…
Et les petits plats de nems,
Les belles bouteilles de jus.

Autour courent les enfants,
Les amis y sont bien réunis.
Dans cette salle qui s'apprête
A accueillir un moment solennel.

C'est fait ! Les lampes s'affalent
Et surgit la lumière des bougies
Qui magnifient ces nouveaux jours conquis
Avec beaucoup d'amour et de tendresse.

On entonne un chant bien connu
De tous les hommes qui savent être émus
En un pareil jour d'anniversaire
Autour de cette table bien familière.

Ëlëk

Un autre jour, à d'autres heures,
Je rêve comme un berger,
La flûte en swing,
Pour bercer mes folles pensées
Qui s'agrippent, soucieuses à ma solitude.

Je ne serai plus de ceux qui ne savent plus que faire
De leurs vies vidées de Courage et d'Espoir.

Je ne serai plus de ceux qui sont condamnés à se taire,
De peur de ne plus vivre quelque moment de gloire
Car je sais qu'elle m'attend
Au bout de la route,
L'Espérance !
Ëlëk !

Au-delà du baobab

A nos regards

Ces couleurs que tu amènes,
Ma mémoire en reste pantois.
Pourquoi as-tu cette peine
A fonder tes espoirs en moi?

Dans les collines de Ngozi,
Dans le cuivre de l'harmattan,
Poursuivre ce temps nous vieillit
Alors que je sais, tu m'attends.

J'avais sous mes cheveux caché
Une tête innocente.
Pleine de savoureux clichés!
Pleine de passions ardentes!

Ces feuilles de citronnelle,
Sur lesquelles « je t'aime »
Etait allongée plus belle.
Récoltes tant que je sème!

Sur les cruches des abeilles,
Nous laissions égarés nos yeux,
Tu te voyais déjà veille,
Méditant sur des jours heureux.

L'aigle gris au destin cruel
Qui sans appel saisit nos yeux
Les plongea dans les ruelles
Eparses, tracées par les dieux.

Le vieux pélican

Les derniers rayons jaunes
Réchauffaient la nature.
A l'inverse de l'Azur,
Des milliers d'oiseaux aphones.

Un vieux pélican errait
Sur les eaux d'une lagune
Qu'il avait habité durant deux lunes
Sa vieille gorge nouée.

Maudit ce jour où il avala
La carpe aux écailles d'acier
Qui avait glissé au bas
De sa gorge l'étouffer.

Abandonné par ses pairs,
Il nage à contre-courant,
Esquissant la danse des mourants,
L'odeur de la fin est dans l'air.

C'est ici que prend fin
Le long voyage du grand marin
Qui défia les hautes saisons.
Le temps aura eu raison !

C'est ici que la dernière nage
Imposée par le vif courant
A fini de déposer sur le rivage
Son vieux corps seul agonisant.

Amaselly

Jaune douceur
S'étale ton lit
Blanc de chair,
Clémence ta peau.

Tes pores bouillent
Chaud ton souffle
De cendres épaisses,
Tes cils étincelles.

Les laves charmeuses
De tes délicieux baisers
Creusets persévérants
Découvrent tes yeux.

Amaselly,
Le parfum de ton cou
Aspire l'envie,
Féconde clameur.

Je t'avais imaginé

Enfin le jour que j'attendais
Priant que le temps soit figé
S'est faufilé entre mes doigts
Avant que je ne le voie.

Je l'aurai peint en or et bleu
Sur ce vieux papyrus en feu
A la sève au sucre des dieux
Ou sur les sentiers de tes cieux

Je t'avais imaginé nue
Ta délicieuse langue crue
M'allaitant de mots doux
Et de vifs espoirs fous

Je t'avais imaginé grande
Aux cheveux trempés de lotus
Aux bras majestueux qui pendent
Le long d'un corps taillé de cactus.

Je t'avais imaginé Nefertiti
Déesse à la beauté sacrée
Qui insufflerait en moi l'envie
D'aimer pour ton éternité.

Mais quand je suis arrivé
Tu venais de t'en aller
L'attente n'ayant que trop duré,
Ton espoir parti en fumée.

Enfin le jour que j'attendais
Priant que le temps soit figé
A la fleur de l'aube s'est abîmé
Quand un autre homme t'a marié.

Il s'en est fallu de peu

Il s'en est fallu de peu
Un clignement de cil
Un assaut de reptile
Pour que je te fasse mes adieux.

N'eut été le rappel des souvenirs
Par cette belle chanson inattendue
J'aurai orienté la proue du navire
Vers l'immense inconnu.

J'aurais avalé les océans
Aspiré les ouragans
Dévoré l'harmattan
Pour tromper le temps.

Mais j'avais oublié
Qu'il me suffisait de t'aimer
Sans rien attendre en retour
Sans réclamer ton amour.

C'est qu'ils m'ont apporté la chanson
Ces beaux oiseaux du pardon.
Il s'en est fallu de peu
Pour que je te fasse mes adieux.

Toutes ces lunes

Toutes ces lunes j'ai veillé
Voulant voir le sourire des étoiles
Sentir la sueur asséchée
Des arbres, sur leurs poils.

J'ai veillé pour précéder le jour
Voulant être son ainé
Qui le guiderait, à mon tour
Sur les sentiers que j'ai tracés.

Sans jamais y arriver
Sans jamais abandonner
J'ai continué de l'attendre à la porte
Pour faire le deuil de la nuit morte.

Mais elle l'avait déjà enterrée
Bien avant mon arrivée
Sans que je ne vois
Son beau tombeau de bois.

Quand ferai-je le deuil
Des journées oubliées
En arrivant au crépuscule
Avant ce jour sans scrupules ?

Stigma

La valse des damnés
Qui c'est donc la danser
Sur des mi et des sols
Pas de feu sur le sol ?

Les préfères tu chassés
En rythme Ebola
Où peut être croisés
Comme dans les galas?

Mon sourire contagieux
D'amour et d'amitié
Ne te rendra qu'heureux,
Ebola alité.

Méfiance extrême,
Ignorance aiguë?
Ne demande donc plus
Si je suis le même.

Car moi je te dirai,
Guinéen et humain
Libérien et terrien
Léonais et blessé.

Greffe de sève

O toi mon bel arbre
J'avais toujours pensé
Que tu étais marbre
Ton beau tronc dur vissé.

Tes racines plongeant
Dans tes terres diamant
Qui chantent Bembeya
De Dalaba à Fria.

Mais la chauve souris
T'a donné le tournis
En dévorant tes fruits
Voilà ton bois pourri.

Voici le temps venu
Attendu de ta mue
Domines cette vue
Elle, à ta portée, nue.

O toi mon bel arbre
La greffe de sève
Esprits frais de barbes
Que tes fils se lèvent !

Kiridi

Ma trompette a sifflé
L'air a tu ses échos.
Ma langue a hurlé
L'eau a tu ses échos.

Mon pied a trépigné
Terre a tu ses échos.
Tout mon être a vibré
Feu a tu ses échos.

Et ceux de mon âme
Surplombant Ebola
Gifles de vacarmes
Ne s'arrêtent pas là!

Ecoute Kiridi
Enfant de Siguiri
Père mort à Conakry
Je ne suis pas aigri!

Le riz me soulage
Mais je veux cultiver
Les fruits du vieil âge
Pour n'être condamné!

Dix Crimes Minés

Commettre des crimes
En ces temps d'Ebola
La peine ultime
Pour tous ces «crancelas»?

Non! Nous ne sommes pas
La sale vermine
Dans les vieux débarras
Ou dans les cantines

Attendant le parfum
Perfide de la mort
Qui marque les défunts
Victimes! Mauvais sort?

Je le dis, je vomis
Ma sombre peau moisit
Mes yeux n'ont pas dormi
Mon visage pâlit

Je le dis, j'ai très froid
J'ai perdu tant de poids
Depuis ces derniers mois
Et mon mal toujours croit.

La sève de mon sang
N'irrigue plus les champs
Sinon le creux des bancs
Que je sens tout le temps.

O mon frère qu'ai-je fait
Moi le discriminé ?
J'ai autant peur que toi
Mais je n'ai pas de choix.

Ebol'Art

Bouillon de nos ailes
Au parfum prometteur
Titille nos belles
Plumes regards charmeurs.

Des couleurs et des mots
Murs assis sur le dos
Des parterres vernis
Le rêve est permis.

Des pinceaux et stylos
Sur des toiles de vies
Peignent tous les héros
Ebola est fini !

Mais elle me l'avait pris
Ma liberté sans prix
Me refusant visas
Moi devenu malfrat.

Passagers clandestins
Compostant le billet
Un autre destin
Dans nos mots s'est tissé.

Glossaire

Ay : dispute ou malheur

Bakk : danses guerrières de lutteurs

Baraka : chance (en arabe)

Barangue : maison en paille des îles, de type colonial

Bolong : bras de mer qui s'enfonce dans le continent

Caxaabal : prise de lutte

Ceeli / tieli : aigle

Ceiba pentandra : le kapok, en malais *kapuk*, est une fibre
végétale que l'on tire de fruits de plusieurs arbres
de la famille des *Bombacaceae*. On utilise plus
particulièrement ceux du *Ceiba pentandra*, le kapokier
(aussi appelé « fromager »), un grand arbre des
zones tropicales, originaire de Java

Damel : le roi du Cayor

Djaneer : rêve matinal

Ëlëk : demain

Gelawaar : dynastie de nobles guerriers qui fondèrent les
premiers royaumes sérères au XIV siècle

Gis-Gis/Guiss Guiss : point de vue

Inch'Allah : s'il plaît à Dieu (expression d'origine arabe)

Jal-jali : ceinture de perles sonores qu'attachent les femmes
sénégalaises autour de leurs reins pour charmer
leurs conjoints.

Kac-kac : son émis par les perles que portent les femmes
sénégalaises autour de leurs reins, symboles
d'érotisme (onomatopée).

Kiridi : orphelin en langue Soussou

Lëpaalëp/Leupaleup : papillons

Missiles sol-sol : talismans (expression utilisée par les wolof)

Miwo : chérie (langue Tagouana)

Ndënd/Ndeund : petit tam-tam

Njoloor/Ndojoloor : l'heure où le soleil est au Zénith

Némali : parfum utilisé par les femmes sénégalaises, réputé aphrodisiaque

Nyami Nyami : la déité du fleuve Zambezi

Ninki Nanka : serpent mythique à écailles ou dragon. Chant héroïque de la fanfare de l'armée sénégalaise

Pétaaw : coquillage blanc ou cauri, parfois utilisée pour la voyance.

Sakhaar/Saxaar : fumée

Sangomar : pointe de terre avancée dans l'Océan Atlantique

Sopi : changement

Soutoureu/Sutura : pudeur

Sunugaal : Sénégal

Tchim/Cim : onomatopée caractérisant le mépris

Téranga : hospitalité

Thiaaf/Caaf : arachides grillées

Thiakaaba/Cakaaba : danseur sénégalais monté sur des échasses

Thiat : mauvais œil

A propos de l'Auteur

Ibrahima Amadou Niang est un écrivain et poète sénégalais. Docteur en Science Politique, il est actuellement le Représentant du Bureau Pays d'Open Society Initiative for West Africa (OSIWA) en République de Guinée.

A propos de l'Éditeur

Plus qu'un simple projet éditorial, depuis 2009, les **Éditions Amalion** se sont donné pour mission la publication et la diffusion du savoir africain, savoir innovant et de grande qualité, pour renforcer la compréhension de l'humanité. Notre but principal est de promouvoir une compréhension plus approfondie de l'Afrique et de ses peuples.

Amalion se veut une plateforme d'expression à partir de laquelle les auteurs pourront présenter des perspectives alternatives et audacieuses sur les grandes questions qui façonnent notre monde. Nous invitons nos auteurs à aller au-delà des réalités pour explorer des nouveaux domaines de production de connaissances.

Amalion propose les monographies, les manuels, les revues et les textes littéraires. Nos publications visent un vaste lectorat de chercheurs, d'universitaires, d'étudiants, et autres lecteurs qui cherchent à accroitre leur connaissance de la vie et de la société. Nous publions essentiellement en anglais et en français, mais nous sommes disposés à étudier des propositions de publication en portugais et dans d'autres langues africaines.

www.amalion.net
www.twitter.com/amalion
www.facebook.com/AmalionPublishing

www.ingramcontent.com/pod-product-compliance
Lightning Source LLC
Chambersburg PA
CBHW031003090426
42737CB00008B/661